如果河水醒來

杜萱

文史哲出版社印行

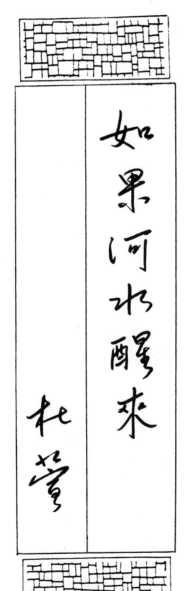

國家圖書館出版品預行編目資料

如果河水醒來 / 杜萱著. -- 初版. -- 臺北市 : 文史哲,民 89
面; 公分. -- (文史哲詩叢 ; 39)
ISBN 957-549-317-6(平裝)

851.486 89011393

文史哲詩叢 ㊴

如果河水醒來

著　者：杜　萱
出版者：文史哲出版社
登記證字號：行政院新聞局版臺業字五三三七號
發行人：彭正雄
發行所：文史哲出版社
印刷者：文史哲出版社
臺北市羅斯福路一段七十二巷四號
郵政劃撥帳號：一六一八〇一七五
電話886-2-23511028・傳眞886-2-23965656

實價新臺幣二六〇元

中華民國八十九年八月初版

ISBN 957-549-317-6

如果河水醒來 目次

卷二 詠物，拍攝物我雙寫

卷三 壯瀾微波組曲

自序

杜萱

在生活中，我追求的是和諧、單純與均衡。

透過含蓄與冷靜，我將生活融入於詩。

透過觀照與冥想，我又將詩還原爲生活。

毛詩大序說：「詩者，志之所之也，在心爲志，發言爲詩。……故正得失，動天地，感鬼神，莫近於詩。先王以是經夫婦，成孝敬，厚人倫，美教化，移風俗。」眞是說得太好了。至此，「詩」斷然已非言之無物的溫柔鄉語了。

孔子也說：「詩可以興，可以觀，可以群，可以怨。」興觀群怨，詩的功用，在此可謂纖毫畢呈了。

出入於古詩與新詩之間，從古典到現代，我服膺的是溫柔敦厚的詩教。詩教之尊，可以和性情，厚人倫，匡政治，感神明，而一歸於中正和平。

袁枚論詩，標舉性靈，重在表現個人的感懷與情致。

而沈德潛講格調，主張詩以載道，要能關係人倫日用，要能反映社會現實。我則將兩者折衷融合，我講求的是豐富優美的文學性，眞誠無僞的人性，以及「靜裏工夫見性靈」的獨創性。

收錄在詩集中的五十三首作品，全部經過報刊發表，分列五卷，皆完成於最近五年間。

卷一：浮雕花蓮山水。計收十三首。我試以善感的詩心，寫眼前景，道心中情，以捕捉即景成趣的特殊花蓮風貌。

卷二：詠物，拍攝物我雙寫。計收十八首。

履園譚詩說：「詠物詩最難工，太切題則黏皮帶骨，不切題則捕風捉影，須在不即不離之間。」

詩人玉屑亦談到：「詠物詩不待分明說盡，只彷彿形容，便見妙處。」

佔全書最多篇幅，題材涵蓋面亦廣的十八首詠物詩，非僅止於純粹詠物，更是物我雙寫，借物抒情之混融。

這些日常生活中習見週知，俯拾皆是的題材，我均拉長心靈的焦距，將之一一拍攝存眞。

卷三：壯瀾微波組曲。計收十一首。乃由小中見大，從大裏觀小，將生活緊緊擁抱的傳眞——「往往／胸中有狂濤千丈／亦只化作眼前的微波細浪」（見「情話」一詩）。

即使生命中有任何的大風大浪，一旦落實爲文字，一旦凝鍊成詩，則在被縮小的瞳孔裏，亦可窺見一花一天國、一沙一世界的蛻化縮影。

卷四：感春秋之代謝兮。計收八首感時傷逝的作品。

凡季節之遭遞、更迭與推移，以及生命之榮枯、代謝與消長，我都有耐心去守望，去感知。

本卷前四首摩寫節令，後四首記念親友之悼亡。

卷五：永遠的鄉音。計收三首長詩。

「歸鄉」一百八十行，仍以花蓮的山山水水爲背景，可視爲卷一的延續、補充。但爲顧及長詩體例的一致，故置之於卷五。

此卷記敍羈旅鄉愁，稱述英雄無畏，或因戰爭而引起的流離、長別。其中寫實與詠史，始終雙線並存，在自由奔放的長詩體式中，交織著詩的音樂性，與多面性。

卷中「荒遠國境上的脚印—詠成吉思汗」，長達二百五十行，標以十三個子題，可視爲「史詩」，是我感到滿意的作品。

而「歸鄉」、「兩岸的故事」，洋溢著濃郁的懷鄉之情，以及不忘家國之思。但仍出之以委婉的如歌行板，不故作豪壯鏗鏘之語。

讀者心平氣和體會，則意味自出。

本詩集廿五開本，逾兩百頁，從編輯到校對，皆由我一手承攬，務使風格的誕生，能接近完美的境地。

感謝國家文學博士李豐楙（李弦）教授，在百忙之中，惠賜五千餘言之長序。他本身卽是左右手兼擅的詩人、作家兼學者，他在政大中文系，講授「現代文學」的課程多年，重視創作經驗與理論的配合銜接，故其觀點與立論，令我敬佩，可爲我師。

鷹不泊先生所撰「山水有清音」序文，談論我詩集中的山水因緣，允爲知音之言。該序亦使小書增色，在此一併致謝。

「如果河水醒來」——我的第一本詩集，於民國七十五年端陽詩人節問世，自費出版，列入秋水詩叢第十六。

農曆丙寅年孟夏　寫於花蓮師專

凜然天地心

——我讀《如果河水醒來》

李弦

一

在臺灣的散文家中，杜萱是深具創作潛力的一位，「煙塵之外」散文集之獲得六十九年「中山文藝獎」，肯定了她在散文創作上的成就。其中的散文風格早已預示了以後的創作方向：就是將詩的隱喻手法靈活運用於散文創作中，她嗜讀中國古詩，也耽讀現代詩，因而能吸取詩的語法以入散文，成爲自己獨有的格調。經歷長期與詩的結緣，在民國七十年以後，她逐漸將零星試作的新詩勤加寫作，在報章雜誌發表了不少詩作。因而七十二年獲得「青溪文藝金環獎」長詩類首獎，顯示散文家杜萱已掌握了新詩的訣竅，開始寫作一系列的短詩與長詩，因此有結集出版「如果河水醒來」詩集的成果。

從散文家杜萱到詩人杜萱，其中的蛻變自有微妙的關係；就是臺灣文壇上常見的左手、右手各操持一支筆：有時是左右兼擅，散文與詩俱見才華；有時則左、右互有偏勝，雖於詩者不一定擅於文，或擅於文者也不一定掌握詩的奧妙。但有一點可以指出的，就是其中任何一種文類成爲專長之後，染指另一文類時，常會表現原一專長的某些特質，成爲別具格調之處。杜萱的詩，具有散文的格調，這是翻讀她的詩集時所形成的印象。瞭解詩人杜萱的散文因緣，就會發現她在創作新詩時，較少新詩壇上慣用的詩語的習套，這是她的自由、方便處。但反過來說，她的詩，對於詩壇中人，自也會形成不易遽下評斷的感覺—因爲她是按照自己所揣摩的規則，參與詩壇所訂的競技場競賽，這是不易評定的所在。

因此這裏所介紹的「如果河水醒來」，就不完全使用詩評的標準，而讓杜萱的詩，作爲她散文之外的另一種嘗試，她未沾染太多詩壇流行的寫作習氣，因而可給正尋覓新方向的詩人一些參考、一些借鏡。但更重要的意義，杜萱經歷四、五年的新詩創作，必能體會詩與散文之間的關聯性與差異性；則今後再度調整筆調寫作散文時，一定更能將詩的手法巧妙運用，逐漸形成現代散文、形成新一代散文的特有風格。這是可以預期的另一成果。

一

杜萱的散文底子，一方面來自中國文學系出身的古典藝文訓練，一方面則是現代散文的閱讀與創作經驗。所以她的散文語言，是屬於中國風格的，典雅而婉麗。她將這種筆調運用於新詩時，已略加約制與簡潔化，成爲較適宜詩的語言；像「那天我到仙洞探幽」末節：

> 張著不寐的眼睛
> 不寐的是仙洞今昔
> 很多誓言在此埋下
> 化成千年凝碧
> 一一醒在土裏

詩中使用「仙洞今昔」、「千年凝碧」的文言語句，與「很多誓言」、「醒在土裏」的白話調配，就具有詩語的簡練。將古典文學的素養運用於現代詩的寫作中，仍是當前新詩人所要繼續嘗試的方向之一。杜萱類似的語言習慣遍見於詩集中，已是有意爲之，因而自成格調。

臺灣詩壇上使用健康的白話，楊牧曾盛讚鄭愁予的一部分作品，具有這種驅遣語言的能力，這緣於現代主義最蓬勃的時期語言有惡化、汚染的現象，所以楊牧有感而發。而當前的詩人，尤其新生代詩人之運用健康的白話，已成爲情勢之所趨。

杜萱的語言雖不全是受此潮流的影響，至少是在新詩語言較爲開放的情勢之下，她善用散文家的專長，鑄造出可喜的白話，諸如下列的詩句就是清新的造語：

潮退了
你的名字是一雙最合脚的鞋
浮現於貝殼纍纍的沙灘
——出港

小巴掌似的紅葉
映在潺潺無心的秋水裏
心事如開水沏透的凍頂烏龍
悄悄向杯底沈落
——茶亭小坐

「出港」一詩，將名字隱喩爲鞋，又拍合當前的情境，而聯想及沙灘。文字乾淨、意象鮮明，與「茶亭小坐」，將心事沈落，投射於茶葉之上，都能就眼前景，寫心中情，情景湊合，妙趣橫生。這就是詩集中上選的詩句。

基於長期的散文寫作，以之入詩，固然有一新耳目之感。但散文的語言也常有鬆散之病，它是敍述性的，重視語法的組合，句與句間連接緊密，因而常因清楚、明白，而缺少了刺激讀者想像、尋思之處。相對於散文，詩較訴諸直覺，是深具視覺效果的語言，主要在刺激讀者的想像。杜萱的散文特長，也難免成爲詩集中的一種負擔。就是句與句之間、行與行之間，多平順的銜接下來，讀者固然易於進入詩中的世界。但由於平易之故，就較缺乏激起聯想、參與創作的趣味。也許作者要完全蛻化爲詩人杜萱，這只是初蛻的過程；如果再經歷水、火的試煉，完成了蛻化之後，她就會適度切斷部分的聯想，作想像的跳躍，這是中國古典詩中的高明特質之一。因而如何從美感經驗中，羅列景象，讓景象自然演出，這種表現手法可適度調整詩集中的散文傾向，對散文家杜萱，這類美學是具有啓發性的。

三

杜萱選用詩集中的一篇—「如果河水醒來」，作爲詩集的名稱，應該是具有標幟性。因爲貫串於集子的就是關愛：對土地、對事物、對親人，以至於家國、民族之情，蒼生之愛。早在「煙塵之外」時期，從少女的杜萱到初爲人妻、初爲人母的杜萱，就以溫婉的筆調娓娓敍說她的愛，她及其一家選擇了花蓮作爲安身立命之處，在這片東臺灣的美好土地上，活動於斯、生活於斯，因而她以卓越的才華，爲土地作愛的禮讚。數年來，她年歲漸多，見聞日廣，因而感慨轉深，所關顧的也顯示出較爲深沈而有力。

詩集凡有五卷：卷一浮雕花蓮山水，刻鏤花蓮特殊的山川風物與人情。卷二多屬詠物詩，物我雙寫，對天地之間，一物一情皆寄托其幽懷壯志。卷三爲壯瀾微波，抒寫生活感受，作者從小中見大，又由大觀微，具有生活的實感。卷四感春秋之代謝，則是有感於季節之更迭遭遞，以及親友之悼亡，屬於人生之感。卷五永遠的鄉音，收錄了三首長詩，多寫遊子懷鄉，與家國眷戀之情。從這些分卷中，不難體會出杜萱以一女子的溫情，寫出了生活的空間，小至一物之微、人情之常，大至山河大地、家國情懷，其中關顧的幅面極其遼濶，這是現代女性，較諸傳統中國文學裏的閨秀女子不同之處。

杜萱深具中國文人的性格：一面希企山林的自然之趣，但另一面則對於自己生存的世界充滿了關愛，這兩種情愛之間不僅不相衝突，且是一體之兩面。只有關愛世界的人，才懂得眞正的愛。基於純樸、自然的大我之愛，才更能激發回歸自然的旨趣；這就是她從傳統文學中所體會的回復山水、田園之路。在現代社會中，類似的「復修吾初服」的願望，更成爲善與美的堅持，這是杜萱深於情之處。

在維護生態環境的保育聲中，對於大地，對於她夙所衷愛的花蓮，有一些詩委婉道盡其眷戀之意；作爲詩集名稱的「如果河水醒來」，就深情款款地頌讚「最甜是故鄉水」，想望殷切地敍說紙漿廠不再排出廢水，而呈現「**水面漂浮的萬點梅蕊／細看來都是凜凜然／天地心**」，越是設境出奇，越表現內心的企盼。

卷一所收的，「秀姑巒溪的下午」、「雨中的美崙溪」，都是以溪流的生命，小中見大的寫出大地之情。「上山」、「山中一夜」則以霜白楓紅的山麓、奇峯飛瀑布的山谷，爲世間人拓出一片山水靈氣。類此山水情懷，表現得最爲舒緩有致的是「得閒」一首，以獨白體祈求的「讓我」句式，完全表露出現代人、現代文人的心願，自然、幽靜、率性，無所爲的在寂靜的林間，這是集中的上品之作。

這種深情施諸於人或物，則成爲詠物詩、悼亡詩：詠物雖以物爲主體，描繪物象，但對於其形狀、本質、動態的體察，只是物的神態而已；要能深入物心，寫出人心，從物象中喚起生命，或有所寄託，才能使筆帶深情，小中見大。卷二所寫，凡有報紙、凍頂茶、舞台、鏡前、殘局、火車、電話等，俱屬現代社會的事物，一一奔湊於筆下，寫出一富於生命情趣的世界。

她以第二人稱的「你」的見事觀點，寫「**你皆逐一細數**」的報紙世界，寫「**拳曲如你／獲致完整舒緩的釋放**」的凍頂茶香。或以「我們」的觀點，擬人化的寫出舞台哲學與鏡前沈思，都是小中見大的體察物理之作。至於大自然中的事物，基於前述的宇宙情懷，只是更具體地以某些事物爲主體，因而神木、梅花、月光、陽光等，俱可成爲寓託遠情之物。這些原本可成散文的精采小品，一一轉化爲精瑩剔透的短詩，也許詩人杜萱與散文家杜萱取得諧調，有些細緻的感覺仍可以散文表達，且更能表達得淋漓盡致。因爲有些意念在她的散文筆觸中，更適合表達這些細察物理的悟性之作。

對於人間世的關懷，不管是自己的家人或友朋，她一逕以深情委婉道出其中的情趣，像「癌症病房」、「結婚」、「別」、「情話」一類，寫世間夫妻，這是平常生活、平常經驗，爲日常生活的實質感受，傳統社會中常以之入詩；而現代詩人則較少以此爲題。在現代詩中屬於不易寫的一類，尤其現代主義風行之際，標榜深入意識深處，寧可寫性，而不願寫情。

寫平平淡淡的情，杜萱平實的手法適宜寫這類詩，因爲這類經驗不宜出諸奇詭的意象、生僻的造句，所謂人情練達皆文章，這「練達」二字最難把握。杜萱的詩是否完美之作並不重要，但這類婚後的平淡雋永之情可寫，則是事實；不是婚前的浪漫情緒，少女情懷才是詩。此外，一些悼亡之作如「火葬」、「秋祭」與「告別式」，也是不易寫好，但又是日常生活中感人至深的事情，作者以一己之所感，嘗試寫出生命的夢幻無常，這類詩如何寫得具有普遍性，讓讀者具有共鳴，也是現代詩的試金石。

在詩集中，杜萱以平實的手法表達其家國之愛，這是她的散文集曾經處理；而在詩的隱喻表現中，就有另一種情趣。短詩如「升旗」、「充實之謂美」，將慶典中舉國旗入場的一幕—「**我與衆人分享／國旗升空飄揚的喜悅**」，平實寫出，與衆分享。這類詩最不易寫；因爲只是歌頌，易流於八股，也不易從陳腐意象中推陳出新。作者從身爲師專的師長立場，看著「四名我的學生」高舉國旗入場，聯想及大專青年的責任、國旗的誕生，點到即止，又轉到血液沸騰的熱情、沸騰的紅色，「**直綫上升　／隨那舒展飄揚的國旗／凝結於旗桿頂端**」。這首「升旗」不喊口號，却又能表達出比口號更具體的愛國情操，可說是合乎標準的「健康」之作。

與「升旗」的短什相較，卷五的三首長詩，顯見杜萱具有更大的企圖。除了「荒遠國境上的脚印」，是屬於「詠成吉思汗」的敘事詩，另兩首：「歸鄉」、「兩岸的故事」，都嘗試處理一些現實的問題：青年學子滯留他鄉的招喚，與海峽兩岸的時代意義。在「歸鄉」中，杜萱以夙所鍾愛的花蓮山水作為創作情境，構成親切的鄉音。詩題巧妙選用十二支，形成時序的流轉，但貫串其中的則是對於鄉土的摯愛之情。

從「煙塵之外」開始，杜萱筆下的花蓮，雖有「七級地震」一詩的驚怖，但多的是細緻的土地之情，層層迭遞，確能如歌的調子；其中精美而醇厚的鄉土意象，紛至沓來，讓人回味低吟。杜萱所專擅的詩正在於此，深情於人、物與自然，故能細察物理。

四

詩人杜萱的形象是在七十年之後逐漸塑造而成的。記得在師大的歲月；紅樓鐘聲是富於詩意的，那時她愛讀詩，也開始寫一些精瑩剔透的散文小品。為人師表之後，花蓮提供一片天地，而婚姻也成為新的人生閱歷，因此她寫成了一些深味有得的佳作。在花師，她是散播文藝的園丁；在花蓮，她也辛勤從事藝文的活動，基於長期的教授經驗，她與師專生討論文藝，指導創作，散文、詩以及兒童文學成為教學生涯的一部分，集中「春的使者」就是關懷兒童詩歌的紀錄。

創作、教學俱與自己的興趣、職業有密切的關係，這是持續創作的原動力。但創作永遠是一種自我突破，只有不斷地超越，才是優秀的作家。從「煙塵之外」出版、得獎之後，杜萱已表示這種自我超越的自覺，在散文的題材與表現風格上，早已表明轉變的跡象。從她的創作歷程中，可見其深具自我期許，「如果河水醒來」詩集中的作品，可當作這種自我突破的嘗試。有時在創作面臨瓶頸，或需果斷地調整方向時，停止一段時日爲一種方式；或者將心力轉向另一種文類，從中培養出另一股活力，尋覓另一活源，更是另一有效的方法；經歷四、五年來的試煉，散文家杜萱應已培養出這種新而有力的活力。

在國內的大專院校中，有許多文藝課程的開設，而擔任播種者大多是基於創作的經驗，或閱讀的興趣，因此能將一己之所得與同學分享，以杜萱豐富的創作生涯及學院訓練，應能提供不少寶貴經驗，以啓發文藝愛好者。因此創作散文、創作新詩，本身就是教學活動的一部分，杜萱擔任這種工作已有多年，「煙塵之外」、「如果河水醒來」都可視爲教學前必有的準備，這是一種有意義，而且有效的教育方式。從杜萱到花蓮擔任教學職務之後，一篇篇作品的寫作，一本本文集的出版，充分證明她是成功的作家，也是稱職的文學教育家。期望這部詩集的結集，是杜萱另一段創作生命的轉捩點，正如她詩中的預言，創作在人的一生中也是一條長河，有時枯有時旺，在一年四季中。但它終將醒來，浩浩而下，河岸雪梅成林，有那麼一天，杜萱會告訴讀者：

水面漂浮的萬點梅蕊
細看來都是凜凜然
天地心

《文訊月刊》二十六期七十五年八月

山水有清音

——杜萱詩集中的山水因緣

鷹不泊

蜿蜒不絕的多情海岸
是誰對我拈花一笑
太平洋浪翻潮捲
看滔天浪頭
以及波的羅列
包容了蒼生萬有

——節引自「禪定的夏」

泛舟與生態景觀保護
乃當前的熱門話題

而兩岸之蒼翠濃碧
交握在溪流上空，一條
水天輝映的綠色隧道
供焦慮疲憊的心靈
來這裏憩息

——節引自「秀姑巒溪的下午」

浩瀚無際的海洋，流露出宇宙桑田的消息，進而「**包容了蒼生萬有**」。杜萱關懷我們的生存空間，其靈心慧眼，也分明早就參悟出「**人類僅有的淨土／而今猶剩幾許**」的先覺（見「秀姑巒溪的下午」一詩），卻又語重心長地以「祇不知」三字，來加以設問布疑，這是她寓理寄情的高明處。

原在台北市立國中任教的杜萱，十三年前毅然告別首善之區的台北，卜居花蓮以後，一系列「山水有清音」的作品，便在她細膩的體察萬物之下，探幽發微地展現出藝文的雅麗光采。

民國六十年以前，杜萱寫小說，而後收入公孫嬿先生主編的「海內外青年女作家選集」。

六十年到七十年間，她專事散文創作，「煙塵之外」的結集，且獲得「中山文藝獎」，肯定了她擇花蓮而居的筆耕成果。

在這期間，任教花蓮師專是她美麗的心願。日夜濡染於花蓮山川之美，兼寫理論作品，並與花師學生之間的問難解惑、教學相長，十餘年呼吸吐納於斯，持續不斷的教學生涯，充實豐富了她的知性與感性。

「**白天／站在講台上／我把博愛密植如森林／我將智慧撒下如網**」（見「癌症病房」一詩），詩中以「如森林」、「如網」此等鮮活的雙重明喻手法，道出了她生命裏不可或缺，也攔截不下的那份師生之情。

另外，花蓮山水清靈之氣的特殊景觀，也提供給她不可抗拒的省思，因而激盪了她敏感的詩心。於是，七十年以後，她遂點燃了詩人那份光華璀璨的靈燄，開始寫詩。

五年來，將近兩千個日子，她寢饋其間，浸潤於看詩、讀詩、寫詩、發表詩的樂趣之中，而塗染出屬於她情感天地中的無限景色。

「問渠那得清如許，為有源頭活水來」——顯示在杜萱詩集「如果河水醒來」中的山水情懷，乃緣於花蓮山水賦予她取用不竭的萬斛源泉，故能如班固泗水亭碑銘所言的「源清流潔，本盛末榮」，一路而下淙淙長流。

濱海的花蓮山城，透過杜萱直觀的投射，而詮釋出各種風貌和趣味，均貴能融情入景，可喜的是一片平淡天眞。諸如：

「**我們又看到明媚的美崙溪／恢復了往日的好性情**」（見「雨中的美崙溪」一詩）

「**衆神諸佛浴著鹹腥海風／護佑著一條船／平安出港**」（見「出港」一詩）

望著一艘與自己原無關涉的船，正是起錨解纜、揚帆待發的時刻，杜萱卻打從心底內裏，爲它祈求「平安」，彷彿請來「衆神諸佛」的簇擁護佑一般。杜萱「萬物與我合一」的宗教情操，無寧是悲天憫人的；發揮個人生命毅力，伸長了觸鬚，介入於大千世界的形色景象之中，令人倍覺親切而透澈。

就連「七級地震」（見卷一）的驚懼，猝不及防的生死陰陽兩隔，在杜萱筆下，依然呈現無比溫馨感人的畫面。

看萬象有無明滅，感人世歡欣苦楚，此種場合最能使人了悟生命情蘊的奧妙神奇。卷四收錄的「秋祭」、「火葬」、「逝」、「告別式」四首悼亡之作，以及「

水手的戀歌」（卷一）、「癌症病房」（卷二）等詩篇，皆是杜萱挾生命意趣，以描摩其生命情調的舒展顯現。

蟄居於花蓮十三個寒暑，一長串登山觀海的日子裏，杜萱早已磨利了筆端，逐步以小說、散文、新詩，各類不同的形式體裁，去爲大地抒情，去與山水結緣。

如果，觸目驚心的文明汚染，有一天，竟然封閉了人類的「精神出口」時，希望我們別遺忘了青山碧海，山水有情，瀏亮而澄淨。就請到杜萱的詩集中來，聆聽她爲您訴說的山一程，水一程吧！

讀杜萱詩集「如果河水醒來」，最不可忽略的是，她與花蓮的這一段山水因緣。

民國七十五年六月一日　寫於「不泊崖」

卷一

浮雕花蓮山水

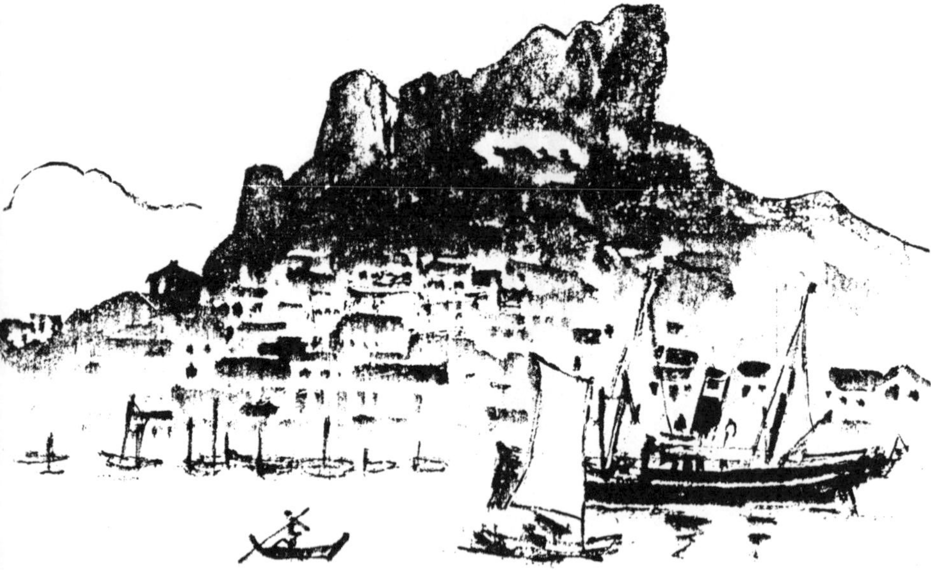

山居

候著我的羔羊
且等身輕如飛的山羌
在足跡深深的小徑
高擧一把篝火領你回家

暮色四合，大地沉睡如許
獵人皆已賦歸，孩子
再也不怕心驚膽裂的槍聲
只有花和樹以及流水的低語

牢牢守住一截光陰
如握緊一支神秘之鑰
請允我扮演一名角色
就到吾鄉那個山地國小
做個敲響上下課鐘的人

擰熄所有的燈
向星和月仰望
直到一撮雲翳
夥同半畝純金如鍊的陽光
嘩然化作落滿幽徑的
空山松子，我這才肯定
明春泥土萌芽的信息

72.10.1.　中央日報副刊

如果河水醒來

在一年四季
枯旺分明的河床
如果河水醒來
請告訴她
大橋上游的紙漿廠
已不再排出廢水

在一葉浮萍歸大海
人生何處不相逢的境遇
如果河水醒來

請告訴她
涉過時光淺淺的河道
一舉步便跨到明天

在一飲一啄
莫非前定的世間
如果河水醒來
請告訴她
好鳥比翼，枝葉相持
掙不開的是宿命塵緣

在一死一生
乃知交情的風雲際會
如果河水醒來

請告訴她
生如寄，死如歸
猶似一夕山月

在一夜鄉心五處同
我欲振衣濯足的巉巖高岡
如果河水醒來
請告訴她
縱使冰河不融
　草木不興
而最甜是故鄉水啊
　至親是故鄉人

在一望無垠
雪梅成林的河岸
如果河水醒來
請告訴她
水面漂浮的萬點梅蕊
細看來都是凜凜然
天地心

74.12.15. 商工日報 春秋小集30.

秀姑巒溪的下午

乘橡皮艇衝浪泛舟
於某月某日午后
假期的秀姑巒溪下游
誰能拒絕這項搶手
充滿挑戰的時髦擺渡

時而激揚壯美的急湍清流
一路潺潺唱著歌
甚且溫柔地覆蓋過
靜坐如睡

瑩白似玉
聞名中外的秀姑漱石

穿越峭壁峽谷
喜見原始未鑿的純樸
從瑞穗大橋出發
沿風景逐波而下
祇不知人類僅存的淨土
而今猶剩幾許

泛舟與生態景觀保護
乃當前的熱門話題
而兩岸之蒼翠濃碧
交握在溪流上空，一條

水天輝映的綠色隧道
供焦慮疲憊的心靈
來這裏憩息

盈耳之山雉水鳥啼聲
滿目的陽光與春景
均逐一在蜿蜒的河心閃亮
有人兀自坐在禿岩上
對今昔，凝思玄想

73.6.14. 成功時報副刊

得閒

讓我不做什麼
在靜寂的林間

讓我的思維
與樹上發光的葉子
一起在天空閃亮

讓我點燃一柱慶蘭香
看不絕如縷的煙絲
往上抽拔　冥想

婉轉多姿，裊裊昇騰的煙啊
接續起來該有多長

讓我拷貝幾捲跫音天籟
來自早起山鳥的嚶嚶
一路淙淙歌唱的溪澗
蜂蝶停於定點的鼓翼
向谷風打聽今夏驪歌消息
向兒童借少許天真的呢喃

蟬聲裏　古寺的梵唄
也融入了流水的潺潺
也叫醒了兩岸沈睡的卵石

心湖如鏡　隔岸
讓我靜靜垂釣於千年的港灣

當六月的花海紅透半天
燎燒著無須詮釋的誓言
誰都知道那花海喧嚷著什麼
離別之外還有離別

72.8.7.　中央日報晨鐘

雨中的美崙溪

許久不曾如此高興
豪雨過後
見河川冲洗得亮麗澄淨
污濁壅塞的美崙溪
旋又恢復了她的好性情

布袋蓮在此盤根錯節
有過一段長久的歲月
　佔據了寬廣河面
閒置了欲朽的小船

鄰人早就遺忘
　何謂舟行水上的怡然
也無法就著瀲灧晴光
　臨照或喜或憂的容顏

　　雨，麻麻點點
　雨，狀如傾盆
雨，勢如倒海排山
而將糾結纏根的布袋蓮
一掃而空，霎時間
奔流入海

我們又看到明媚的美崙溪
恢復了往日的好性情

73.6.24. 台灣日報副刊

七級地震

五朵鮮嫩的蓓蕾
自轟然一聲巨響
頹然倒下的斷垣殘壁
被仔細地挖救抱起

沾著塵土與朝露
顏面上一抹安詳無懼的笑
天真幼稚的軀體
浮雕著他們的年少

彷彿這不只是一則新聞
並排仰臥於此的
是五具美好的童屍
跌坐著哀慟愁苦的母親
前一刻，廚房裏熱氣騰騰的
是孩子們最愛吃的點心

十隻指節豐腴的小手掌
還來不及伸向
爐灶前一邊能變戲法
　一邊揮汗的媽媽
爭要甜點品嚐

就這樣，地動天搖

除了狗吠，毫無徵兆
而温暖的愛之小巢
轉瞬間，即成廢墟荒園
也沒互道一聲再見

73.6.12.台灣日報副刊

我的小屋離海不遠

我的小屋離海不遠
驚濤巨浪捲起的千堆雪
夜夜襲進我底夢裏
流動的岸
晨起即改變了滄海桑田

只要酣然入睡
海天一色的寶藍幃幕
便逐一亮起了珍珠色澤的夢
點點像仙子的淚

融開了我凍結的心情

朝露未晞
熹微底霧靄未散
火紅的一輪初日
恒自波平壯濶底海面
冉冉冒騰而出

猶如薄暮冥冥時刻
朝汐沿岸
喜於等候海上生明月的人群
或欲捕捉天涯共此時的感覺
不約而同地，都來此相互取暖
交換天亮後的第一聲招呼

74.2.10.台灣日報副刊

山中一夜

獨眠高臥，候月觀星
萬里鴻雁中有我的等待

貯水可以邀萍
種花可以邀蝶
下棋品茶，賦詩聽蟬
遠近山色中有我的前瞻

四山合抱的碧瓦琉璃
幽深不見谷底的石級

一路傍著澗水清溪
就在微雨裏遊盡了

奇峯飛瀑
簇擁著紅塵男女
一場隨喜
爲他們的利欲薰心洗滌

清秋的高爽與空潤
總看不飽，參不透
在朝山的芸芸香客
也在靜寂禪寺，驀然
鏗鏘地一聲落葉
彷彿巍巍顫慄而下的一片
懺悔

74.12.8. 青年日報副刊

出港

一排檳榔樹
斜斜地在午后的台階上
紋身

瀕海的山城
只有一壺濃茶的午后四點鐘
諸般虛靜中之聒噪
以及聒噪中之虛靜
衆神諸佛浴著鹹腥海風
護佑著一條船

平安出港

潮退了
你的名字是一雙最合脚的鞋
浮現於貝殼纍纍的沙灘

讀著千帆過盡
讀著斜暉脈脈水悠悠
每天午后，爲樹
清掃幾許斷柯殘葉
那年整排樹
皆高舉著一顆顆檳榔

74.7.19. 青年日報副刊

上山

霧起的時候，山麓
早已是霜白楓紅
可知道嵐翻霧湧的山谷
白鳥悠悠下，竟是一番何等
風景

都市的煙塵肆虐
　刺耳噪音相接
當真已被拋下阻絕

河川變色，垃圾如山
觸目驚心的文明污染
在百仞以下的人間
當真異於眼前之縈青繚白

憂傷脾，怒傷肝
慶幸尚有這塊淨土
供我療傷且醫俗

然而忍不住要借問
終日紛擾的上班族啊
是否你遺忘了青山
或者山水有情
憐你一身包袱沈重

寫字間殫思勞神的一天
擠出熙攘人群
旋又陷入車陣
上班族的漫漫晨昏
要捕捉挹取的莫非就是這點
山
水
靈
氣

74.
3.
8.
商工日報副刊

水手的戀歌

三〇九病房深陷的床褥旁
不再有人爲你編織毛襪
　爲你擦拭額際汗珠
你蒼老的手勢
幽幽指向背後一大疋水藍色的
昔日

海，仍舊爲你藍著
你交出了今日
以及無邊燦爛的明日

時間將從沙灘
　　從茶盤滴滴漏失
此後便是長長的霧季
你再也不必憂慮
他們是如何打發歲月了

海，仍舊亮麗著往日的藍
你俯仰於碧波狂瀾之上
踏過翡翠般的一生
而萬頃之外
浮漾著七里香的晨曦旭陽
從此不再自東方
冉冉升起

75. 6. 花蓮縣立文化中心季刊 第2.期

那天我到仙洞探幽

愛搜奇攬勝的遊客
早就聞說
水源村中的仙山鬼洞
這一天我竟來了
冷雨，緩緩地落
只聽見傳動自大地脈搏的
溪聲山色
　　清麗得叫人心悸
柚子樹交疊成的濃淡陰影

在洞口半遮半掩
由青葱演到圓熟
這老柚樹喋喋申述著
渾圓可愛的大自然消息

我貼著耳朵傾聽
日據時代遺址的仙洞傳奇
或許，山胞的豐年祭在此舞過
或許，有女子在溪畔長夜曼歌
或許，饑饉以及戰火
　貧窮以及罪惡
都曾經來這裏駐紮
許多種哭泣也被聽見

張著不寐的眼睛
不寐的是仙洞今昔
很多誓言在此埋下
化成千年凝碧
一一醒在土裡

74.12.21. 商工日報副刊

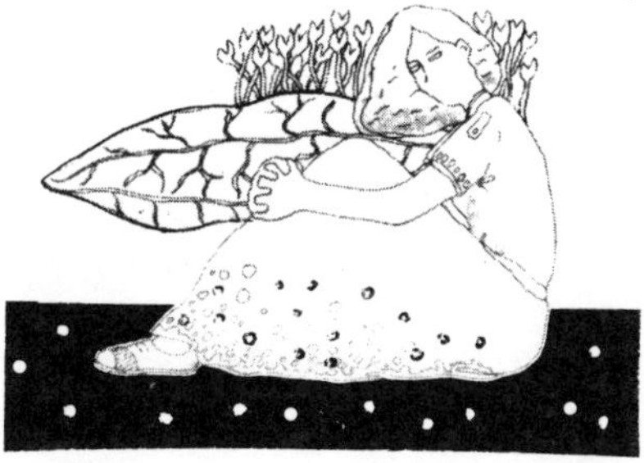

春的使者

彷彿遠近都有快樂的音符
愛心洋溢的辛勤園丁
便在「平和」這個大花園
把群樹和百卉遍植

當東風徐徐吹起
帶來了春的訊息
滿園子的馥郁芬芳
旋就一波一波地盪漾

每一個平和兒童
皆挺身化作春的使者
乘著歌聲的翅膀
撒播溫馨喜悅和希望

擁抱住韶光美景無限
將剔亮無垢的童心點燃
任流暢歡愉的彩筆舒展
且捕捉大自然得天獨厚
　以及天地間鍾靈毓秀
的山俊　水媚　風清　天藍
就在這裏——
譜成永不凋謝的「春天」（註）

註：花蓮縣壽豐鄉的平和國小，全校共僅六班，是個典型的迷你小學。卻在短短的四年內，出版兒童詩文集三巨冊，寫下了國小學生創作上的奇蹟。茲當「春天第三集」出版前夕，樂綴數語，以示對「小詩人們」的敬意。

73. 5. 15. 中央日報晨鐘

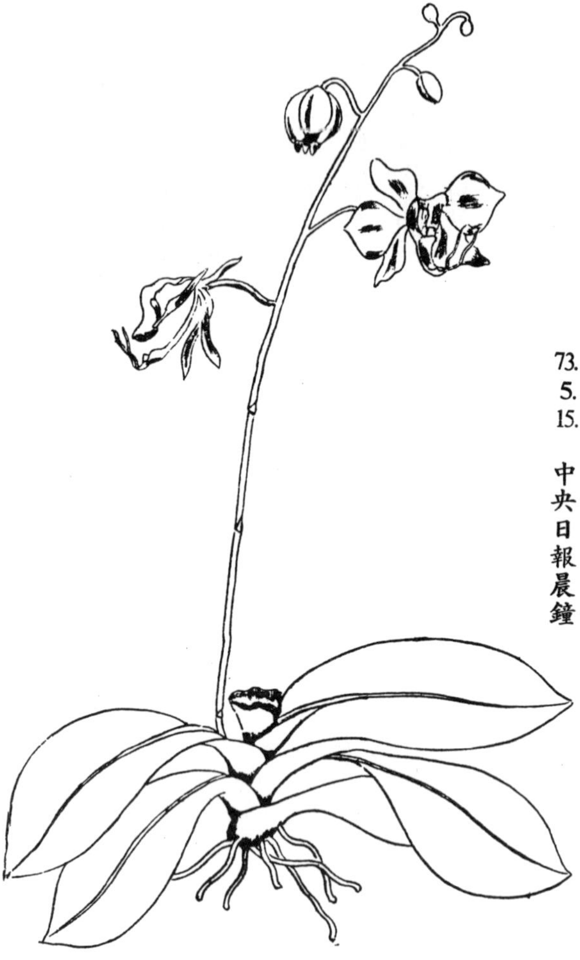

卷二

詠物，拍攝物我雙寫

報紙

流轉著歲月的眼睛
把人間世的繁華看盡

將歷史得失與成敗榮辱
都抛給了層出不窮的昨天

也許滄海可變桑田
也許苦澀能成酸甜
　你皆逐一細數
遂拿點滴滙成汪洋

更把新芽盼成了大樹

刻鏤了人類不朽的文明
你無疑是雕工精巧的巨匠
涉過漫漫光陰的長廊
又濡潤出文化種籽的發皇

不爲誰作見證
卻把今昔　盛衰　興替
逐字揀進眼裏

且懷抱藝術家的心靈
挑一肩的晨曦月色
以悠悠舞者的輕盈步履

愛和喜悅　流湧如泉
每日與你執手相看
地北天南　絮絮不休
總要晤對幾個時辰
人生鏡光水月的旅程
怎少得你這位朋友

72.10.25.　中央日報副刊

凍頂茶

把自己鬈曲成球團
躲在乾燥的細瓷罐裏
每天猶自伸頭伸腦地吶喊
說要回到綠色的大地

鄉愁源自鹿谷鳳凰山
白雲悠然出岫
谷底不斷生煙
氤氳長籠罩的凍頂茶園

朝夕晨昏的溫差大
叫你不由得吸飽雨露和陽光
再勇往迎向冷霧和烈焰
因而造就了你
醇郁不凡的氣質與身價

沸點的開水冲向你
未待沏好悶透
瞬間即從從容容地轉化
成一杯高貴的
琥珀

詎料要命的滾水沸湯
竟使拳曲如你

獲致完整舒緩的釋放

有人愛你初喝不澀
或人喜你久泡不淡
我獨鍾情於生津回甘
沁脾撲鼻的芬芳

聽說茶同音樂一樣
除了解渴之外
果真能療傷
去夏　我以一斤凍頂
　　配以一席茶話
灌救過一顆年輕的憔悴心靈

72.10.1.　青年戰士報副刊

神木

一顆樹，枝葉如蓋
似鬚髮飄然的老者
幾多甲子，寒盡春來
他一直昂首站著

像個得享天年
慈眉善目的巨人
在山中，不知爲誰佇立
環握二十隻温熱掌心
始能團團將之合抱

圈住他如謎一般的年輪

細碎的翠葉貼向藍天
篩過日光萬點
灑落成黃金雨
我們在他及時伸出的傘下
圖個清爽的蔽蔭

只要微風輕輕拂過
淨亮的葉片
旋即沙沙擦撞
且以光潔的樹身爲半徑
霎時就香迎數里

而在濫伐聲中
這樣的樹日益罕見
能分泌油，散發香
面對千巖萬壑恒不蠹凋

據說其名爲樟
最好請他幫你做一口書篋
留住書香，歷千秋萬歲

或認爲此念太奢
那麼只求他一片葉子
擺在指掌間搓揉
即可聞出一個永不凋朽的
提神醒腦

72.11.12.　中央日報晨鐘

詠梅六唱

一

愈是寒夜霜晨
益見您的冰雪丹心
您一身傲骨
愈冷愈開花，且相信
待將聖馨的苞，逐一迸裂
而後熊熊燃燒起來的生命
便是萬蕊幽香
　奮發怒放的季節

二

不同於松柏蘭芷
經過一番冷澈認知
我試以詩的層次
白描吾國名花的英姿
您剪冰裁雪，凌歲寒而彌堅
　歷霜風淒緊而益形芬芳

三

若有源頭活水汩汩湧出
在廣袤底沃野
　迤邐底群峯
　乾坤運轉自强不息底大地上
您美麗堅忍的形象

足以睥睨風雨飄搖的艷紅
亦為富貴不能淫
　貧賤不能移
　威武不能屈的泱泱氣度
詮釋君子頂天立地的擔當

四

衝寒而立
陸游化梅為我之奇想
一樹梅花一放翁之承擔
林和靖暗香疏影的絕響
梅妻鶴子隱迹林壑的高潔
史可法與城為殉以國士作典範
王夫之含忠履潔的憂患苦心

謝枋得萬古綱常擔上肩
均將梅之寒香雪色
一一點染

五

上下五千年
縱橫十萬里
爲著自由與尊嚴
志士驅馳，英雄揮劍
多少梅的傳說
雕塑出您滿腔熱血
　　一臉堅貞郁烈
踏過無數苦難歲月
您以花中奇葩，力挽

國魂於重重驚悸險巇

六

從此讀史讀經
不再是一頁一愴痛
原來吾人心中
早就砌築好
且各自奉祀著一座
梅花嶺

74.1.22. 青年日報副刊

魚

今晚沒有溶溶月光織成的網
　去年冬天，致人於
　裂膚砭骨的海風
　曾把沙灘拉得更遠更長
在沉寂的秋夜十點鐘
一條細細的釣線垂到我心中

會心處不必在遠
翳然林木
便自有濠濮間想

我是魚
不聞瓠巴鼓瑟的佳妙琴音
不見莊子持竿釣於濮水
而今，誰令游魚出聽
　也再無人肯定
　鯈魚出游從容
　是魚之樂

然而，此刻叨擾我的
分明不是泅泳於萬頃碧波
的族類，亦非銀鉤香餌
我們都分明驚見
　她鮮麗寬蓬的裙裾
　沙沙擺盪而來

那單身女子
　蒼茫四顧
只留下交疊深淺不一的足印

空氣中漾著，髣髴
是那女子帶來蕨草間的野味
我遂渴望化魚爲鳥
似大鵬展翅，盤旋
於羌鹿出没的懸崖絕壑

73.12.26. 台灣日報副刊

殘局

掏出口袋的數張名片
鋪排於桌面
曾經白天裏一一寒暄
熱烈握過手的臉譜
燈下已成一團模糊

清醒在沐浴過後
是否靜坐思索今日白晝
　那些初識新交的朋友
或者續與小兒擺譜對奕

作個觀棋不語的君子

再殺一盤罷
不死的永遠是勃勃野心
以及必勝的興頭
白天到外面輸掉的種種
又可在家裏輕易贏回

磨拳擦掌的廝殺聲中
單提馬抵住當頭炮
已漸僵成動彈不得的殘局
於是我滿足地睡了

74.12.18. 台灣日報副刊

癌症病房

鮮花和黃葉
生死以及悲歡
近乎幻覺的嬰兒與骷髏
在這裏日日夜夜交替浮現

白天，站在講臺上
我把博愛密植如森林
我將智慧撒下如網
升旗後，我告訴學生
中興湖來了兩隻天鵝

悠遊水面之姿好美啊
學生們噗哧一笑
哪來的天鵝？是鴨子

境隨心轉而後
雨夜，病房瓶插的花束
始終嵌著一張卡片——
「賢妻勝珠寶」的聖經箴言
便在牆角曖曖綻放光芒

妳已使我成爲無限
那是病中丈夫的堅持
薄薄的那張卡片亦然
鋒利的劍

一旦受到鞘的庇護
鞘就滿足於它的魯鈍了

並無任何怨懟驚恐
在倥傯的生命旅程
曾經點滴貯存的獲得
當死神毅然輕叩我底門扉
我願拱手請他逐一點收

而我深深相信
此門將永遠不被敲響
因爲，大地飽含淚水而微笑盛放
因爲，我們的和諧多於衝突
因爲，我們有恒久不變的信仰

74.11.27.　台灣日報副刊

舞台

粉墨登場而後
釵光鬢影配以絲竹並奏
席前的掌聲不斷
竟化作後台的珠淚漣漣

往往身不由己
劇情　脚本　角色
誰能任憑選擇

然則，唯有賣力地演出

儘情地舞蹈
祇要帷幕悄然升起
我們心中便萌生——
拔劍出招的喜悅

73. 5. 7. 台灣日報副刊

信

你說客居異國
不由得愛看中央日報
窗外濛濛雪如柳絮
一首「等待」教你沈吟半晌
詩裏情懷竟像是你
移見作者赫然是我

接著展讀「臨淵羨魚」
也曾神遊「青蛙的天堂」
另一篇絕妙的「千里馬」（註）

看來飛禽走獸都有了
獨缺一隻解語花

問素箋何處飛來
賀年卡三隻纏圍巾的貓熊
紙張印刷都是美國貨
怪只怪郵戳來自南投

莫道雲雁無心
步履姍姍溪頭留駐
不意而洩漏歸鴻消息
則伴隨你底綠野仙踪
是誰

註：詩中以引號括弧者，乃作者於民國七十年十一、十二月間，陸續發表於中央日報副刊之詩文篇名。惟「千里馬」一文，原名「論知遇」。友人旅美十餘年，讀之倍感親切，因而來信。

71.4.「秋水詩刊」第34.期

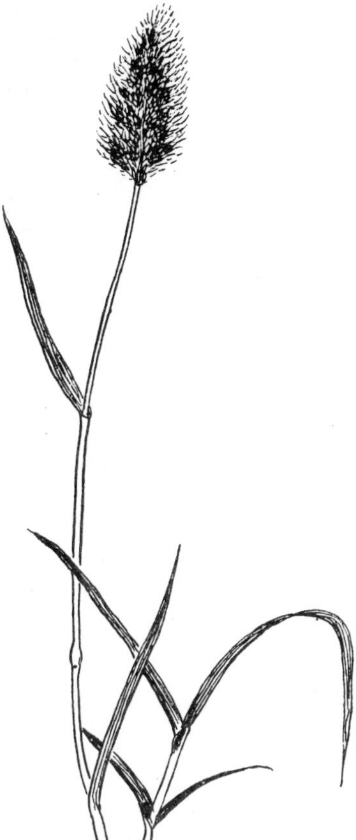

陽光之頌

誰像太陽一樣
能把光在地面敷展得很勻

誰像太陽無私的愛
毫不保留的布施
不加選擇的照拂
無論亮麗的湖泊
或者陰暗的沼澤
毫無成見的給予

毫不挑剔的均攤
家裏最受寵的么兒
突圍而出的過街鼠輩
還有被遺忘的山坳與峯巔
她的溫暖普照一如母親
惠及瞭望不盡的萬水和千山

誰像太陽深厚的愛
不計條件的贈與
不分膚色的照耀
她的心情向日葵知曉
她的容顏你我都知道
即使月出日落
她始終如一的守候

永不放棄明天的眺望與前瞻

渾然璀璨的大地
如何飄來烏雲片片
當我站在灰冷的天空下
才知浮雲蔽日的憂傷
我風濕的雙膝畏懼早寒

悠悠我欲前行
翳日的子午慘澹如暮
縱使我不誤入迷途
而一碧如波的草原
已然草木皆焚
花果飄零

鍍金的鐘聲遂告杳然

陽光偃臥於廊前
當陰晦的巨大黑影
吞噬我獨撐的斷臂
回首平蕪盡處已無青山

71.10.23. 中央日報晨鐘

升旗

至大至剛的軍樂
從司令臺一隅
金鐵之聲很莊嚴地交互共鳴
站在數十年如一的跑道上
我與衆人分享
國旗升空飄揚的喜悅

恭迎國旗進場——
四名我的學生
正步踏來

肩上擔著一面，碩大
漂亮的青天白日滿地紅
屏息歛氣，平整無一絲皺摺
如此莊重肅穆
髣髴扛著一塊中國的版圖
我的學生從彼端正步踏來

大專青年，他們業已足够
對民族命脈付出承先啓後
他們以純潔無慾的軀體
合力舉著國旗
正準備升空
熱情在沸騰

想著這面國旗如何締造誕生
多少炎黃子孫的禍福榮辱
霎時在操場各角落四處流竄
流向你，流向我
流向戴著白手套的旗手
猶如溫度計中紅色的血液
直線上升
隨那舒展飄揚的國旗
凝結於旗桿頂端

我愛的中華民國貼著藍天
迎風　微笑　飄颭
像慈母不變的叮嚀與召喚

74.
3.
4.
青年日報副刊

火車所見

是因爲逃離
　一塊曾經傷心的舊地
或者急欲奔赴
　鋪展在前方的幸福
人生之匆匆行路
世間的哀樂喜怒
衆多不同臉譜
搭掛著色彩繽紛的行李
　都在這裏快速交集

雨，拍打著寬幅玻璃
　迷濛了心情
　　也隔絕了市聲鼎沸
閃過去，閃過去
窗框鑲住了鄉村風景
軟片般無止盡向前拉開
一些美麗或嫌惡的記憶
件件樁樁往後倒退

一個人病懨懨地闔上眼
兩個人笑吟吟地低語耳畔
三個人喜孜孜地開懷暢談
　另一些緊閉的唇
　　堆滿風霜的臉

往事——就在他們顏面
默默上演

任心神馳騁於對酒氣煙味
沈濁的空氣與對溫柔舒適的依戀
車廂內，混雜中尚稱秩序的美感
同時扭曲著固執妥協曖昧貪婪
並蠢動著趣味累贅以及厭煩

莫非這兒即是伊甸
刻鏤著人們的善惡忠奸

詮釋出一截旅程
訴說著抽樣人生

而萬相羅列的社會百態
遂於此，完成縮影

73.7.17. 商工日報副刊

鏡前

未曾真正受傷過
便無從曉得
即使疤痕也有生命

未曾真正愛過
就不瞭解
何等的信約可以緣訂三世
怎樣的廝守能夠不怕滄桑

一生，便這樣嫌長悲短

愛恨交織地付給
去了又來，聚了又散的雲煙

真正付出關懷者
始能明白
什麼樣的管道通往人性

真正的慈善家
方才知道
無沾無礙，不沾不釣
那是如何難以攀登的高峯
眼前繽紛的繁花雜樹
障蔽了原本遼濶的眺望

直到月升日落
在星輝斑斕中微笑閉目
交出了我們也許苦澀
　　也許甜蜜的一天

73. 4. 1.　台灣日報副刊

時鐘

一個總嫌太慢
一個催它快走
我們心中掛有兩個鐘
永遠在相持不下

惰性使每個鐘發生故障
懶人的鐘策馬不前
惟願快樂時光常駐足
而勤奮的勇者
太陽每天爲他翻開新頁

讓他把生命點石成金

鐘上的每一格刻度
都是一個入口
或通向無限
使你萬古不朽
或譜成一連串的歲月
詮釋了他的天才

唯有智者守候在此
雕塑自己逐漸形成的容貌

悅耳而始終如一的滴答
聽說能夠去舊迎新

卻不爲貧富老少而變奏
倘若整個人生都在這裏
就怕連屋頂也容納不下

72.1.25. 秋水詩刊37.期

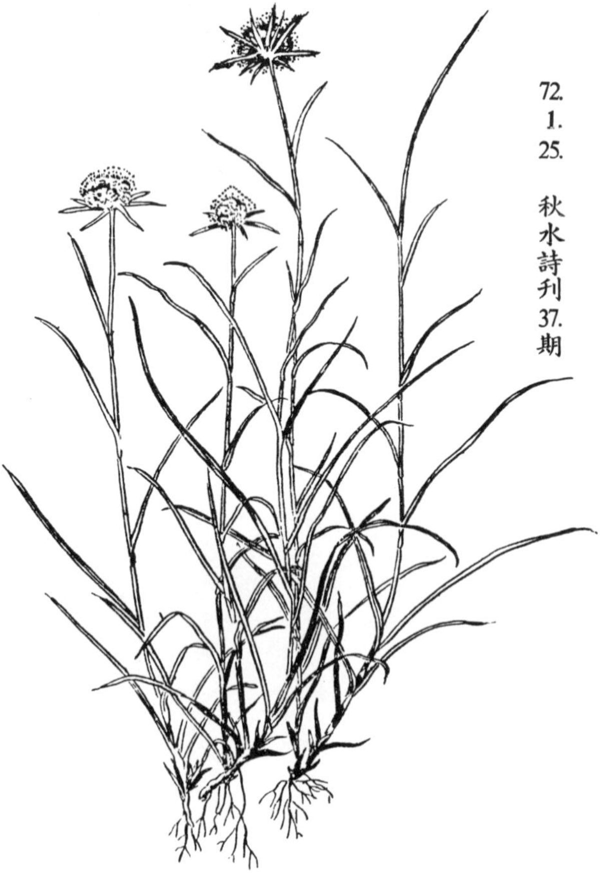

煙

溯著時光之流
浮來片片落花青荇
往事飄回到眼前
變成了煙

感覺身後有一條河
橫亙你我之間
你在彼岸招手
我於隔端守候
兩地間沒有厚厚的橋影

於是旦旦信誓的耳語
遂迤邐了千萬里

當我學會了遺忘
便懂得把傷痛與憂煩
化成煙
用智慧的星火將之焚燃
幻作輕煙一縷

昨日，掌聲不歇的榮譽
曾經，鬱鬱如結的哀愁
看過了煙之裊裊飛逝
才知　什麼叫抽絲剝繭
也才明白　何謂事過境遷

72.11.13.　台灣新生報副刊

電話

曳著相思一縷
　繫住透明的兩端
蜿蜒著深情款款
　不外是細訴離合悲歡

人生有無常聚散
忍將電話機望穿
就只等
劃破空寂的那一聲
鈴——

絞著心去讀分讀秒
用心跳次數去換算
下次重逢的萬水千山

像一支漂亮的銅號
把愉悅的情緒吹響
鈴—鈴鈴—
天外飛來的呼喚
彷若幾世紀前的邀請

醒與寐之間
　從日出東海
　到月落西山
可喜的是這一串串
聲聲入耳的關懷

72.11.30. 台灣新生報副刊

山寺之醒

獅頭山
飲我以千杯曙色
鏗然一林鳥聲
陽光即如金碧輝煌的瓊漿
忽自天際傾注而下
便朝我兜頭灌頂地澆潑

緣何遍地都有
觀自在菩薩的梵音
晨與暮　清磬搖穹

聲斷於水湄山隈
灑落成繽紛法雨

月映萬川
萬川可以映月
駕一葉無楫之舟
我瞳遂於千嶺之外凌波普渡

以大辯不言的菩提樹
造一座玲瓏的七級浮屠
默讀大悲殿簷角
　逐漸淡去的星圖
諸佛遂喚我底名字
　於第一記磬鐘響處

72.10.8. 台灣新生報副刊

月光

像個突擊的圓心
似箭靶，供我們任意投擲
所有的温婉柔情與憤怒
梢頭一輪晚秋滿月
完整地注視鬱金香之惆悵
且將半生悲涼交織如罟

鍍鋅的月光下
你底鞋面鑑然無塵
純淨無欲的一張臉

顯示祈求告白以及天問
早就還諸青湛湛的秋水長天

金屬般銀白的光芒流瀉成河
當月華糾纏成一支水舞
於那瞬間觸及的
似曾敲響的聲音
是我心靈最闇淡的一片雲層

就這樣踏著千里光華歸去
在子夜最後一記的鐘鳴
我們揮手相送

73.12.30. 成功時報副刊

卷三

壯瀾微波組曲

別

九點零二分的莒光
馱著你的行脚奔向南方
今晚的席夢思是座荒原
似蛇盤踞踡伏的我依然
騰出你喜愛的另一片空間

如果你思念我
就請唱首我愛聽的歌
今夜的小樓寂寞
唯見蟑螂在厨下穿梭

或許我將想起
點燃你的鍾情取暖
臨別的絮語猶懸耳際
你却把影子遺忘在家裏
撞得我拂了一身
還滿

71.10.11. 中央日報副刊

等待

爲什麼花仍不開
爲什麼月還不圓
等待的心情
竟是如此

棄婦的樓頭遠眺
釣翁的池畔凝神
時光在雲鬟間暗做記號
歲月於笑顏裏寫下深溝
驀然從瞻望中幽幽轉醒

該來的
始終沒來

有時你耐不住一分一秒
有的却讓你等一世一生

既被看成一條河
總得繼續流淌下去
誰企圖百花燦開的錦繡
誰期盼天長地久的嬋娟
要說華容不衰
　清輝未減
那恒是你靈台明鏡的迴光

果真你清醒
該來的
都已經來過了

70.11.22. 中央日報副刊

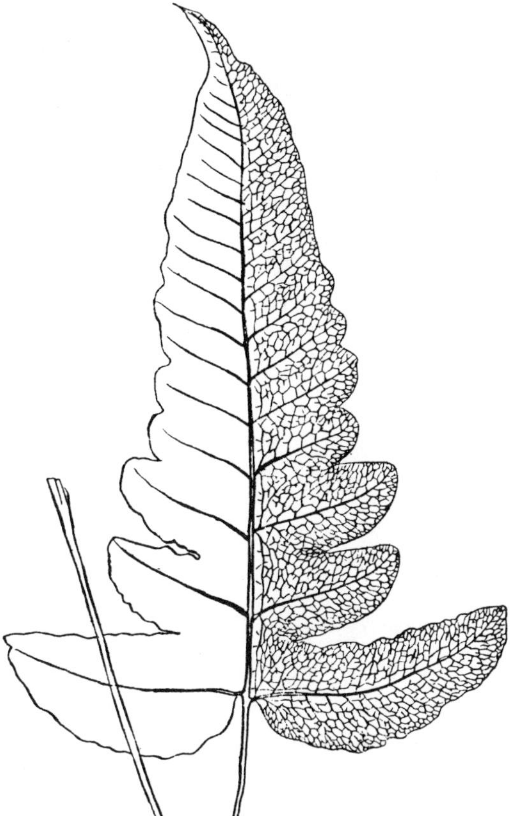

離家

巷口豆漿店廊簷下
腦後挽個髻的老婦
擺了一地青蔬
迎著晨曦兜售

佈著絨毛的絲瓜
上頭猶自長滿細緻的刺
空心菜油亮的芽葉
莖被修剪得很短

很嫩的喔！不撒農藥
老婦說是種給自己吃的
摸著菜，像撫弄著她的孩子
兩頰堆滿了溫柔

誰說我不鄉土？
端詳著蒙上短毛的葫蘆
恍如審視枕上方酣的孩子底臉
母愛遂在朝陽中開始泛濫

孩子，算算媽媽離家幾天了
捧著一束青碧
思念迅即穿越千山
遁入你們的眉間髮際

72.
9.
23.
中央日報晨鐘

充實之謂美

一粒麥子不死
掉落在泥裏
陽光雨露晨昏澆灌
然後萌芽壯大起來的生命
就是天地精華之凝聚薈萃

一位老兵不死
以血汗以胸膛以頭顱
捍衛吾鄉　吾國　吾土
他乾瘦的軀骸

則有乾坤正氣澎湃充塞

一本好書不死
雖與作者緣慳一面，縱然
著作年代湮遠
文體解散
但隔著汪洋隔著高山
古聖先賢智慧之光輝，煥然
化作經世致用的寶典
豐美了歷史的土壤

振葉以尋根
觀瀾而索源
縱然一燈如豆

亦可能
輻射出一空日月之光華
即使一叢青澀
亦可能
醞釀成一季繽紛的花果

74. 4. 18. 青年日報副刊

晚餐速寫

從彼端　踏灼熱南風歸來
將鼎沸市聲輕摒於門外
當色　香　味　陸續上場
盈室油煙便嗆我滿懷

回家的溫柔之感
緩緩將週遭的昏暗
淹沒　舉箸之間
忽踧踖於白晝裏
成人世界的得失恩怨

竟自慨慨無言

户外　仲夏的夜色
再次以晚風與月下之荷
覆蓋我底寥落

坐視燈下赤子垂髫
品嚐大盤小碟菜餚
如此專注忘情
直把胃口敲得叮咚有聲
笑——
於是　貼滿了餐廳四壁

73.10.3.　成功時報副刊

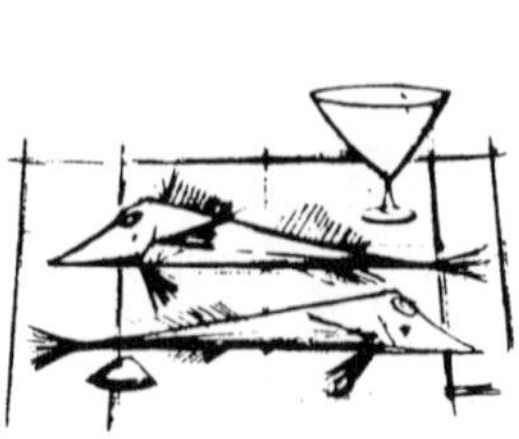

結婚

以雙手營造
無須豪奢繁複的材料
簡單清淡底構圖
便是我們愛的小巢

一條從未涉足的路
佈滿了玫瑰與荊棘
赫然展現於前

珍惜這些冷暖

沿途，除了郁郁花香
還有更廣濶的天空
時而撒下錯雜可喜的纖纖雨脚
時而飄落夾帶鳥糞的嚶嚶啼鳥
棲止在我們眉尖心上

不管時序如何更迭
我們勢必一路相持相隨
抬眼望天，有一張密織的網
也不完全是愛的網
定定地張掛在天空

將鳥糞輕輕拭淨
好好握住一把鳥聲

珍惜這些冷暖
生活裏需要汰粕存菁

將記憶緩緩摺疊
讓悲喜慢慢沈澱昇華
在甘苦備嚐之後
只待兩人鬢髮如霜
再逐一去細說

74.12.27. 青年日報副刊

茶亭小坐

是什麼季節
可以把心投擲向
蒼昊無垠的藍天
而與長空纖雲共徜徉

是什麼季節
可以極目遠望
閒看扶搖直上的風箏
和橫空雁陣相頡頏

小巴掌似的紅葉
映在潺潺無心的秋水裏
心事如開水沏透的凍頂烏龍
悄悄向杯底沈落

風箏的線斷了，怎麼會？
兩個小孩不解地喃喃對語
紙鳶愈飛愈高
像繫不住的
思維

72.11.11. 青年戰士報副刊

情話

當年——
都還是忍不住的年少
少不得金戈鐵馬一頓爭吵
雙方各出奇招
萬没料到　沙裡挑金
苦苦追來的另一半
總是棋高一著

而今——
燃起冬夜的火爐

我手鈎兒孫的毛背心
眼也花了，兩頰的玫瑰也褪了
他展讀羅馬帝國興亡史
背也彎了，頭也禿了
兩人守著滿室餘温
加倍地懂得疼愛珍惜
愈發不忍猝而出言
傷害對方

往往——
胸中有狂濤千丈
亦只化作眼前的微波細浪

72.12.20. 台灣新生報副刊

園丁之歌

頂著被烈日灼傷的天空
也曾一度昏厥在地
一旦嗅聞到泥土氣息
旋即悠然甦醒

透過厚實的泥巴
細細品察種籽的萌芽
欣見象人開花
自己竟生得一手厚繭

待萬花謝盡
大地芳菲與百卉精英
迅又萎作護花春泥
此乃觸及池塘生春草
　園柳變鳴禽的奧妙

於歲月荒蕪的臉上
恆有鋤頭鏗鏗的歌聲輕揚
於是一幅美好的遠景
（是一疋碧葉交疊的織錦）
遂在層層繁蔭下
逐漸形成

72.11.12.　台灣日報副刊

熬夜者

拉開厚重簾幕
才知天光比枱燈還白
鳥聲啾啾四下清唱
破曉的感覺徐徐撲來

黑夜之後仍是白晝
如此首尾相續地孵下去
早已過了立秋
鳳凰樹顯然累了
懶懶地合著眼，這才

平息了畢業生的聒噪不休
熠熠晨光湧進如酒
窗外連綿不盡的草色
嘲笑我一桌的紙筆枕藉
笑聲一路喧鬧下去，猛回頭
卻被一輪初升旭日
給狠狠的擊中

72.10.12.台灣日報副刊

回首

一種榮譽
似一顆稀世珍寶
於我困頓疲乏之時
在陰暗處熠熠生輝
一改我貧瘠的舊貌

一份關懷
如一道溫煦暖流
於我入目淒涼之際
在荒寒中化冰成河

載我馳向歡樂的旅程

憶一季不凋的真
　持一片無僞的善
　　握一剎永恒的美
一束幸福的感覺我擁有
即便只爲一根粲然的翎毛
那怕僅見一閃即逝的星光

童顏笑靨誰不記省
淡暑新秋我獨偏愛
也曾經喘息不已
爲明日演出而汗流浹背

只要記得曾經擁有
從此就不再褪色
生生世世都將這般燦爛

71.3.29.

花蓮青年76.期

卷四

感春秋之代謝兮

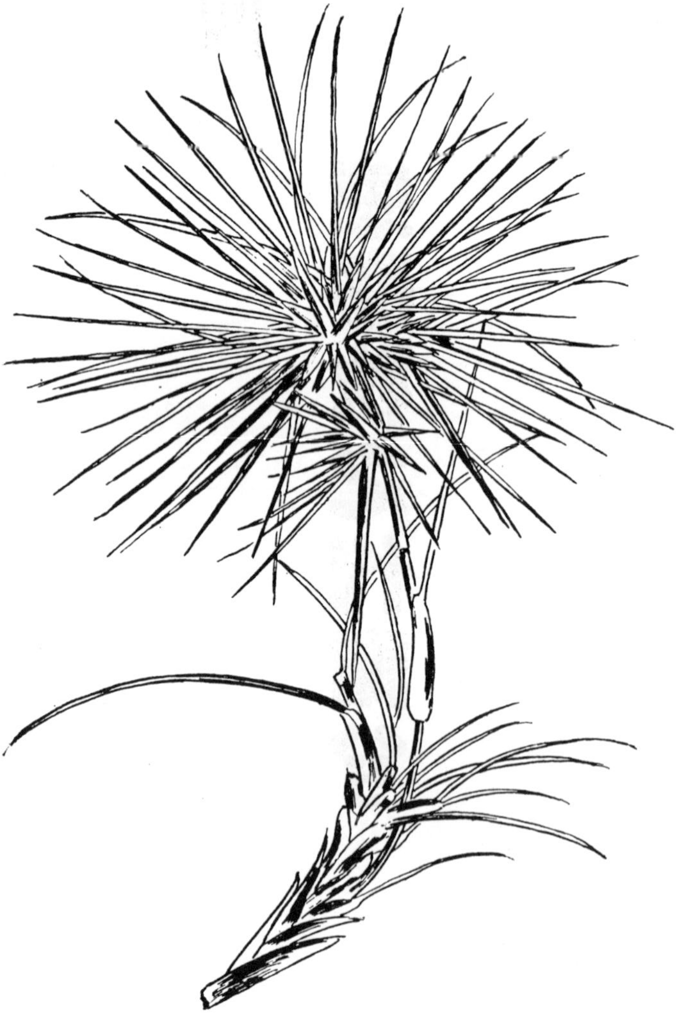

打隆冬走過

看大地寂寥蕭索
陽光灰沈黯淡
不再有花樹的青翠光華
自雲際緩緩滴落

殘煙已逝
懷爐的餘燼漸熄
晚風呼嘯著一樹高寒
我空無的屋宇
於是在霜天裏戰慄

看萬物百卉凋零
緊閉的每一扇窗，冷
噬咬著長街的寧靜
姿容憔悴的是我底妝鏡
夜夜重疊著昨日的燭影

只等一顆顆愛的核仁
都爆開出香醇如酒的暖流
則我荒涼似塚的心靈
煞時便燦若蓮燈

74.
1.
20.
中央日報副刊

春的容顏

逐一探查尋訪
許多莊園和籬落
長久以來我幾可確信
每年早春，我都如此翹企著
等候牆裏牆外的花開
來將我春之意識喊醒

那時，你我的雙瞳
即盈滿一種只要一旦林鳥齊鳴
便可揮戈迴日的期待

杜鵑與櫻李杏桃
只輕易把花兒綻成白的紅的
隨就靜靜地迎風
不再喧鬧急躁

冷雨過後，足下春泥四濺
這鋪滿花香草綠的大地
猶然步履濕滑
較比隆冬的乾寒凍裂
似更困蹇難行
然而擊敗我者
究竟是乍暖還寒的淒惶
抑是那一大長串的爆竹紅？

73.
3.
23. 中央日報晨鐘

禪定的夏

亭亭如蓋
覆我，以濃蔭凝碧
有人在此趺坐成一株菩提
任其繽紛我一生

蘇花心旅
蜿蜒不絕的多情海岸
是誰對我拈花一笑
太平洋浪翻潮捲
看滔天浪頭

以及波的羅列
包容了蒼生萬有

彤雲靄靄的夏日傍晚
潮音乃幻成鐘鼓迴響
濺我，以般若波羅蜜多
拾滿兜古石的沈默
沙灘一望千里
依然無痕

舉三千大千世界
於一彈指，縱使
人世間虛榮繁華粉碎
亦無稻香以及鷄鳴狗吠

而石還在
石還在
石還在

72.10.31.花蓮青年86.期

豐沛的六月

—給畢業生

燦爛的春花
繁華了一季之後
滿地猩紅的鳳凰落英
如蓋的綠蔭　還有
跳動在印象裏的畢業驪歌
便帶來了豐沛的六月

紛亂飛撲而下
無始無終底牛毛細雨

承續　料峭春寒之冷雨
更銜接　暑夏專利的轟隆雷雨

就這樣逐漸濕濡了
歷經破繭出蛹
乃至蛾變　面壁　蛻化
一一洗鍊沈澱過的歲月
止不住的歡喜牽掛
那截青青子矜的韶華

懷滿兜心智成長的芬芳
將眼光放得平穩而長遠
若船隻鼓脹起風帆
欣然駛出豐沛的六月

回顧　爲如夢如歌的昨日
且瞻望前程
但見林木莽莽載欣載奔的遠景

珍重故人相知　不忍道別
薰風與驪歌混聲合唱裏
萬般祝福叮嚀
皆化作豐沛之情感
　　　豐沛之雨水
灑向離情依依的六月

73.10.20.　成功時報副刊

秋祭

你一走花蓮就瘦了
美崙海岸波濤靜靜
　長空寂寂
唯見天地間一片奧藍

昨日你是快樂的虹
跨越小馬（註）趕赴墾丁
行囊中裝滿海潮餘音
急欲放給同學會的老友聽

衆目皆在焦灼的企盼
而短街長巷不見你回眸
海島的黃昏依然嫵媚
爲何你不再望過一眼

召你於變色的殘山賸水
在那個被喚作恒春的小鎮
你甫高一的長子　星月奔馳
去把你僵直冰涼的繫念迎回

就這麼安寧
試用一生歲月
向世間繁榮賦別
此後縱有璀璨華麗的聲采

均不能驚擾你的沈沈入睡

今日你是鷹
彷彿一旦脫弓的流矢
翺翔於敻遼的九霄蒼冥
你再也毋須牽掛什麼
在橫無際涯的天空
你只管自由飛行

從此東部文壇有顆星
遂澹澹翳入天宇
陡然想起　中秋的脚步不遠
且飲漫地溶溶清輝
即讓懷古之情

化作碑銘

秋在梵唄中酣眠
纍纍垂實的菓子
於晚雲中墜失了航線
吾鄉一棵長青的柏
兀自無端地凋零了

設若你能窺知
倘如你不時折返家鄉探視
便可聞見亮亮的金風中都是
你名字的叮噹迴響……

註：其駕pony轎車，赴墾丁參加同學會，於爬坡途中熄火，下車察看，不意車子倒退而肇禍。類此交通事故，實亦人間罕有。

72.9.22. 台灣日報副刊

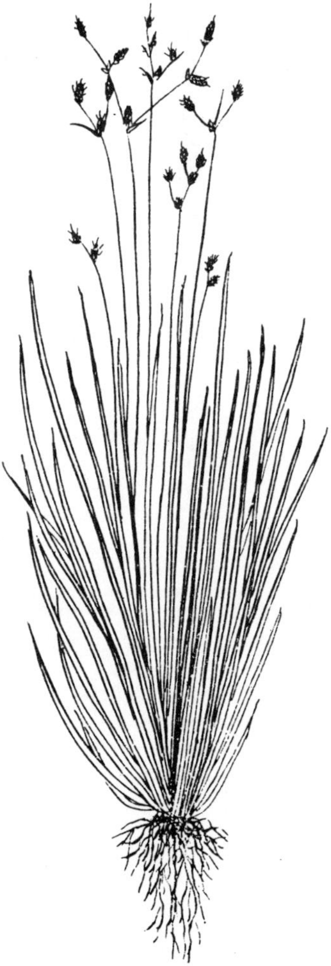

逝

不落言詮即能相知的
好友至交
又一個兀然倒下
是誰把昨日鮮麗的瓶花
急速抽乾水份
令其萎謝枯凋
怎不怵惕驚心
昨日我看著一叢嫩綠
快速長大成林

昨日我讀著一部書
竟是開採不盡的寶藏
昨日我翻閱著一本週曆
頁頁是年輕生命的付出以及
迸放

光彩斑斕的昨日皆已消褪
今則只歸漠漠塵土
人生髣髴一場神奇魔術
從無到有　有變無
近距離　剎那剎那分明
卻又始終瞧不清楚

74. 3. 10.　台灣日報副刊

火葬

霜降以後，有一樁心事
遂在內裏深處隱隱作痛
平地裏一陣砭骨寒風
直向我凜凜捲來

把我最靜默的時刻給你
長寂底瞭望之情是無盡的

花樣噴泉般的年齡
猶似旭日東昇的荳蔻菁菁

一旦猝爾萎謝飄零
復經由一扇黑洞洞的灶門進出
轉瞬即剩淒然白骨

一歲之暮
急景凋年當此際
忍聽聞，你的死訊
所有的少年不是你
誰還能無端傷春悲秋
縱使胸羅萬機，誰能堅持
同春爭華
和秋爭實
更與萬物爭洪纖大小
再跟老天開個玩笑

不甘心也無從計較
灰燼中，分明是棵
昨日光鮮瑰麗的樹
而生死一髮
千浪起落，仍生千浪
啊！憂思如網
悒悒朝自囚的張望之瞳投影
便縱有萬種縈懷不捨
亦總要割捨

辛亥隧道緜延的兩岸
挽不住移向火葬場的凌亂脚步
恰似那股焚其所愛的
——濃煙——

騰空而去的縷縷煙愁
不待回首
旋將遁入亙古虛無

73.2.1.　台灣日報副刊

告別式

煦陽下透著冷意的灰色天空
莫說什麼壽登耄耋
　　備極哀榮的喪禮
當輓歌戚然奏起
嗚嗚地敘說您的一生
弔唁之聲便陸續麢集成浪
漫向原本素淨的靈堂
跪地哀嚎的媳婦
齊眉奉上

棺前的一盤水酒菜飯
如今仰天慟哭喚您
驀見風樹興悲
赫然寫在飄搖不止的白幡
正逐漸加大　加大

不見您舉箸品嚐
香案前，唯有暖暖冬陽
臨著迎空起舞的冥錢
以及蒼蠅飛撲來享用
奠字　鮮花　輓幛　映照滿眼

怎禁得關山迢遞
魂兮歸來，或恐鄉關萬里

蜿蜒的送殯行列裏
我垂首揮淚
念此去煙波江濶，關河蕭瑟
且以脚步逐一丈量
您半生的歲月
四十載坐擁臯比
三五問粗成茅舍
換來兩袖清風一世稱譽
八旬有三　聽風辨雨的閱歷
爲您贏得一紙粉紅色訃文
是蘭桂成蔭　桃李滿門
　福壽全歸　道範長存的
圓寂

周圍秋山似畫
蟲嘶鳥唱細細如織
高亢的佳城龍穴
疏林梯田　蓊然環生遍野
復有燦然陽光通天灑落
不能再西，西側是彼極樂世界

驚視這片人間福地
渾然忘卻幽冥陰陽
兩者的分際
究竟多少距離
看不出嚴冬寒厲景象
亦無墳塚累累之悽涼

您矯健的步履鞠躬杏壇
從民前十年　驅馳至今
踩平　幾許蔓草荒煙
化雨　無數門牆桃李
遂於此完美地打上句點

雖說姻緣線牽
乃前生今世註定
但我終要感謝
庭階芬芳離蔚
您教了義方
又蕃孿出，十株挺直腰桿的
玉樹芳蘭
而將老九賞賜給我

公公，媳婦爲您深深叩首
繼當淬勵奮勉　不辱先人
涅槃不遠　您請安歇

72.12.30.

台灣日報副刊

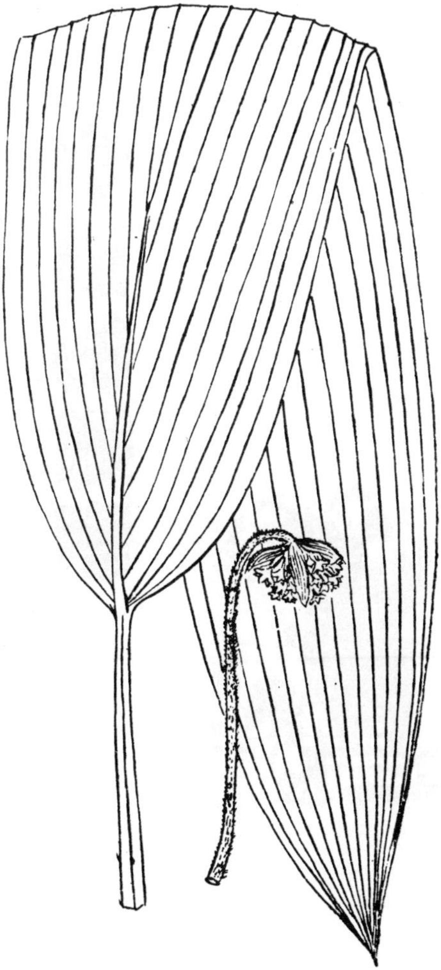

卷五

永遠的鄉音

歸鄉

「歸鄉」　闡述一位去國離鄉多年的青年，在國外學有所成，揚名異邦。作者以花蓮為背景，為召喚青年學成歸國，詩中試以故鄉特殊的山河與風物，以及一位女子的柔情，層層迭遞，表現如歌似的行板，來激發異鄉遊子對國家的眷戀，俾便喚醒他對鄉土家國的歸屬感情。詩篇段落，係以「子、丑、寅、卯、辰、巳、午、未、申、酉、戌、亥」等十二個地支，加上一「序詩」而完成。適合於大專院校詩歌朗誦隊朗誦。

序詩

不要對我說
你已忘了故鄉

秀姑巒溪的柔美潮音
仍日夜流轉著你的歌聲
在時間無盡的長廊
爲著歡迎你　爲著
在你眉睫的陰影裏採集標本
我捕捉著一首童謠　捕捉
從你眼眸掠過的海鷗翅膀

子

莫道你已不再懷鄉
當你遠赴異邦
後山的千萬株檳榔
皆化成了千萬個你
吾鄉有梧桐滿山

巨檜成林
竟感覺每顆樹都像你

百里燦爛的穀熟豆香
熙熙和樂的阡陌村莊
是我們仰望色彩繽紛的太陽
一針一縷刺繡出來的天堂

丑

地上的人才
地底的石材
山頂的木材
人謂之花蓮三寶
誰不驚懾它的奇異光芒

大理石的瑩白細潤
蛇紋石的青碧剛毅
玫瑰石的粉紅綺麗
你的生命由此孕育成長
誰能遺忘這片泥壤

寅

如屏障般左右拱立
中央山脈與海岸山脈
是吾鄉的兩尊
門神
傳說自盤古開天闢地
就風塵僕僕站在這裏
展示以溫而有威的容顏

卯

吾鄉是變幻多姿的千手觀音
嫋嫋山嵐　濛濛氤氳
是她揭之不去的神秘面紗

此地曾經林壑優美
此地曾經壁立拔峯
九曲洞的鬼斧神工
美不勝收的天祥風景
則谿澗　縱谷　斷崖　丘陵
於是心甘情願的廝守
於是不眠不休的戍衛
這塊狹長豐饒的盆地

辰

狹長豐饒的一葉盆地
絡脈相連崑崙骨　天山脊
也曾滙聚長江水　黃河浪
島嶼和另一塊大陸緊密牽連
如斬不斷的纏身藤蔓
如氣血相通的臍帶兩端
千秋萬代難割難捨的親密

巳

隔著一條黑黑的海峽
遠方有鼓聲咚咚清揚
似摺疊曠古的純淨與莊嚴

似舞蹈著豐年祭的慶典
另一些深植的種子和誓言
以及陽光澆潑的美味餐點
向陽的農場
新割稻草的芳香氣味

這都不刻意爲誰準備
造物非常現成的擺設
無疑地是你濶別經年
朝思暮想心遊神馳的故鄉

午

先王先民在重重煙硝中
雕塑了不朽的歷史與版圖

誰能没有自己的歸屬
誰能不愛故鄉的泥土
你豈是一隻不得斂翼的征鴻
你豈是一片失土離根的浮萍

慢說近鄉情更怯
同屬一樹的花葉
堪記取慧命相續的歲月
歷經榮枯死生
即使蒂落了也要歸根
即使蒂落了也要歸根

未

日子趕著走過

我還留在山阿
故鄉清澈可喜的小河
婉轉嘹亮的仍是你的歌
縈懷夢繞的仍是
生我養我的家國

山谷的召喚
水波的洄瀾
雲雨的盤桓
孩童的笑臉
你坐騎在歲月的馬鞍
血管中周而復始的吶喊
夜夜我在風裏拾掇

而孤寂的牆恆是一堵緘默
且藉一盞古老篝火
辨識你指間滑落的抉擇

申

巍巍群山從我的額際昇起
驀然我回首
迅即迴向成一支耐聽的民謠

涓涓川流是一座無僧侶的禪寺
以鳥鳴砌成的空靈小橋
没有霹靂如戰火的洗牌聲
一罈鄉愁已釀製完成
異鄉人是否只取一瓢飲

送你一方淡泊的雲天
與一襲時間的寬敞晨袍
看看老翁的白髮如銀
聽聽林中的伐木丁丁
説你不想在此住下
説你眷戀猶温的流浪行脚

西

誰有本事點土成金
生命原是一則離奇公案
一塊發光的田畝
來自昏黑如睡的礫土
當鋤頭鏗鏗探入地層
泥裏還得和上些許酸汗

這才發現稻穗已然豐滿
萬頃千疇搖漾著澄黃璀璨

戌

睽違多年的東海岸
你烙在沙灘的足跡
業已走入海洋

曾經牛山濯濯的墳場
曾經暮靄沈沈的磨坊
曾經塵埃漠漠的矮房
曾幾何時都換穿新裝
而今　迎風化作盈野花香
搖曳在青翠繁美的山崗

亥

水薑花和山杜鵑依舊堅持
往日熟悉的調子
等待光與影結成菓實
你自荒蕪的記憶中甦醒
遂悄然想起了昨日

無須再向前探看
雖你如今鵬飛鷹揚
名震四海八方
但且勿忘你最初的搖籃
正需要你的回饋與薪傳

血濃於水的親情
是一盞永夜不眠的燈
它點燃熠熠的河嶽星辰
一路照亮你歸航的指針
一路照亮你歸航的指針

72.6.14. 台灣日報副刊
詩人節特輯之一

荒遠國境上的腳印

——詠成吉思汗（註一）

一　睿智

「不要因路遠而躊躇
只要走，必能到達
不要因荷重而畏縮
只要扛，必能舉起」
您一生處世立業的態度
留給後人多少鼓舞

爲了復仇保土
您孜孜不懈的艱苦奮鬥
終於譜出人定勝天的英勇威武
您的虛心納諫
　您的高瞻遠矚
您的識人英明
　您的逆境善處
終使您在遍地荊棘中
挺拔壯大

二　出擊

懷抱血灑曠野的壯志
踩著衆志成城的馬蹄

以迅如閃電的雄風英姿
攻其不備的慓悍騎兵
千里答答馬蹄，響徹
戰無不勝攻無不克的信念
爲了驅逐殘暴鬼魅
爲了鞏固北漠邊陲
不惜以生命頭顱去換取
以求在紛亂變動的時局
建立「庫利爾臺」的永恒秩序（註二）

三　再出擊

拉滿　正義長存的弦
拾起　百折不回的箭
揮動　浩氣凌雲的鞭

就這樣
在旌旗蔽空的鼓聲中出發
天色，燦爛如燃燒的石榴花
不管眼前如何人困馬乏
不管敵人如何落井下石
不管戰局如何慘敗窘迫
爲了展現另一片壯美山河
爲了掩護另一項艱鉅任務
氣吞河嶽的鐵騎長征裏
無視於散斷零落的長矛戰斧
直向地平線彼端
策馬——
前進——
如浪潮般洶湧而至的

是撼搖不動的密集意志
是枕戈待旦的牧野鷹揚
是荒遠國境上
響起的復國風雷

四　沙場

氈廬環遶
星星營火，狼嗥數里
養精蓄銳
靜心等待，明天
還會有另一個壯麗的日出
　同心禦敵
禍福相與

踢出穩健的步履
靠緊炙熱堅貞的心靈
走遍了深山密林
馳騁過茫茫曠野
雖糧食已盡
雖後援已絕
埋骨沙場誓不悔
班朱尼飲水功臣（註三）
其忠心誠悃
與純潔的水晶無二
九十五餘衆患難相隨
一意爲友朋增加高貴

五 統御

摒絶無知的狂妄
拋棄愚蠢的自大
主動前來投效如孛斡兒出
當遠征軍束裝凱歸之日
敵人竟一變而成戰友
軍容壯盛，倍於往昔
您的温柔敦厚，仁者無敵
重用降人以治其國
此乃歷代所僅聞罕見

綜覽您熠熠光輝的戰史
絶無處死將士紀錄
亦從不出無名之師
宣布攻伐理由

說明敵人罪狀
將此戰役，目標揭示清楚
期使士卒皆知
正義公理永遠相屬
而後在節節勝利的戰爭中
先聲奪人，使敵方
聞風而驚恐潰散

六　經略

「得著賢能
勿使其遠離
以寶物換取其喜悅
仍有大利」
為延攬人才，紀念戰功

不惜以美貌愛妃贈猛將
您獎賞功臣至死不忘
重然諾，能容衆，有度量
因而廣得猛士兮守四方

用人唯才，不分種族
憑著勇敢和智慧
保護商旅，優遇商隊
麝香、玉器、毛氈、絲綢絹布
安内攘外，互通有無
萬商雲集，絡繹於途
各國使臣、藩王、教士、商賈
紛紛東來，蔚爲盛況
一時人文薈萃

坦道暢行無阻
緬懷英風，不禁色舞

七 安邦

「余之使用武力
　完全爲以極大之勞苦
　企求長期之和平」
欲圖長治久安
您怎能目睹
風吹草低見牛羊的家國
被污腥魔爪公然掠奪
您怎能耳聞
血濃於水的鄉親父老
於俄寇欺凌下悲泣哀號

當馬鳴蕭蕭
　沙塵滾滾之際
您一怒而安天下之民

八　掃蕩

人類有史以來的殲俄將軍
崛起草海，統一漠北
繼而揮軍進擊中亞
振衣濯足於世界屋脊
瞬目揚眉之間
睥睨帕米爾高原
腳踏俄羅斯版圖
縱使囂張孤傲如高加索山
二百七十年
猶自俯首沈默無言

您的武功煊赫
堪稱空前絕後
您的勳名不朽
百代以來，無人不欣羡

九 大帝國

銳意開發交通
暢流中西文明
您擴大人類觀念之影響
可與亞歷山大之傳佈希臘文化
相提並論，等量齊觀

當是時，疆域領土之擴張

凡有太陽的地方
　就有蒙古人的影子
凡有泥土的地方
　就有蒙古人的馬蹄
您創建橫跨歐亞的龐大帝國
足爲千秋萬世楷模
您是首位抗俄成功的民族英雄
您熊熊高舉薪傳的火把
照亮了五族一家

一〇 母教

回溯十三歲赤子
豈知噩運凶險
已悄然籠罩了快樂童年

遽喪父親和舊部
頓失依恃與尊重
悠悠斡難河沿岸
您拾菓漁獵，生計日艱
三次浩劫大難
幸蒙皇天護佑垂憐

訶額倫，精明果敢母教賢
宣懿皇后，爲母則强
持旄揮纛逐叛將
偉大母后的引領
帶您度過漫漫苦難生涯
純孝聰敏的鐵木真
遂在野菜裹腹充飢的日子
孕育出焯煒的人格與事功

二 雪季

烽火湮滅了
戰鼓也已偃息
當寒風夾著雪花
不住在空中翻飛曼舞
大地一片銀白耀眼
河川凍起厚厚冰層

冰封的江面
何時又見縷縷烽煙
何時重睹飄飄大旗
何時再聞答答馬蹄
何時恢復滔滔江流

一二 凱歌

當春天降臨在這荒遠邊境
積雪遂漸次融化
陽光下滿江閃爍的碎冰
伴著舞蹈以及歌聲
他們讚美英雄
既歌且舞

此刻只有歡笑没有憂傷
牧場和農莊上迎春的狂歡
便於茲開始
嘹亮清越的蒙古樂曲
唱出了奔放豪邁的情感
送走了冗長而險惡的冬天

一三 鐵木眞（註四）

水草豐美，不知其際
青翠廣袤，緜亙萬里
雄渾寬厚的心，風和日麗
天地亦轉爲晴空一碧

且用江流石不轉的熱血
　鋼鐵般堅忍的意志
將游牧打獵與習戰
融入蒼蒼雲天
　淡入鬖鬖瑞氣
　　溶入莽莽大地
滲進蒙古人原始的生命裏

昂首站在國土的最邊緣
累月經年
您捍衛強敵入侵
留下了永不磨滅的歷史
腳印

註一：「成吉思」蒙古語意是「天賜」，「汗」是領袖。時五十二歲，群臣共上此尊號。
註二：「庫利爾台」蒙古語意是「議會」。其權責有三：一為選舉大汗（皇帝），二為決議對外宣戰，三為宣佈並修正重要政令。
註三：一二〇三年合蘭眞大戰慘敗，退守班朱尼河，時河水乾涸，僅餘泥汁可飲，成吉思汗感念部屬相隨不捨，乃向天發誓：「今後願與諸人同甘共苦，如背誓盟，有如此水。」後戰局反敗為勝，九十五人均獲「班朱尼飲水功臣」之榮銜。
註四：「鐵木眞」蒙古語意是「精鋼」，譯成漢文便是「卓越的人」。

74.5.10. 青年日報副刊

兩岸的故事

1

歡樂跟哀愁對峙著
在仁與暴的兩極
除了安和樂利的欣喜
便是沈痛無聲的抗議

兩岸
相隔著一清濁自流的海洋

同是中國人生長的地方
一樣居住著勤奮、敦厚與純樸
最優秀的中國人
一樣居住著黑頭髮黃皮膚
最傑出、萬古長青的中國人
緜延著歷久彌新的種族

2

就在這裏，曾經
刻鏤著歷代偉人的一生
許多英雄聖哲也將自己
寫進了璀璨的歷史
地圖上漫長歲月的摺痕
幾千年來古老中國的滄桑

任由時間巨流淘洗
浮現多少切膚椎心的疼痛

3

橋畔垂楊下碧溪
君家原在北橋西
　啊！昔日寵辱皆忘的年少
四月南風大麥黃
棗花未落桐葉長
　啊！昔日鄉景平疇的豐饒
長河浪頭連天黑
津吏停舟渡不得
　啊！昔日碼頭送別的離亂
年年戰骨埋荒外

空見葡萄入漢家
　啊！昔日塞外長征的悲涼
還有，英雄繫過馬
　壯士磨過劍的野店驛站
還有，兵戈塵漠漠
　江漢月娟娟的中興思賢佐
點滴皆是流不回來的死水
一椿椿化不開的離恨心事
卒然便將五千年
　濃縮爲三十年
一件件興替存廢的國仇家恨
霎時都滙集於希望的石碑前
轟然蛇立起來

4

縱使羌笛不怨
遙越大漠萬里的長風
又吹過了玉門關塞
一部二十五史，讀至近代
便有仰天長嘯的悲歎
知道如何困苦的締造
　又如何艱難地失去
頓覺背脊幽幽涼涼
彷彿骨髓被一寸一寸抽乾
填入兩岸之間
深不可測的無情海洋

故國就在咫尺
咫尺卻成天涯
如此相同的心靈焦距
卻是不同時空中的兩種尋覓

5

在料峭底春寒，垂柳依依
濃蔭底夏日，晚蟬淒淒
寂寥底秋情，白楊蕭蕭
遼濶底冬景，雨雪霏霏

我們懷想幽思
所有的追尋與探覓
化成路遙歸夢難圓的憂惕
不可企及的美好河山，逐漸煙黃了

所有對故鄉的記憶
而今只剩依稀
故鄉，白雲萬里
南山下，東籬採菊的一抹淡黃斜暉
於海峽巨浪洶湧的濤聲裏
不住翻轉浮沈

6

有一種聲音
始終在向全世界昭告
是由日月乾坤天地河嶽
發出的至陽至剛的宣示
暴政必亡，仁者無敵
三民主義必將統一中國

歷史悠悠東流
江漢繼以濯之
秋陽續以曝之
滾滾潮水
淘白了英雄的髮
染紅了烈士的血
兩岸的故事
原是一部不可分割的章回
兩岸的距離
只要再往前跨一步
便可合攏

而土地、文化是我們的
五湖四海，怎樣讓我們去聽潮觀瀑

唯有三民主義統一中國
兩岸
便可輕易靠攏了

75.3.20. 花蓮文化中心季刊創刊號